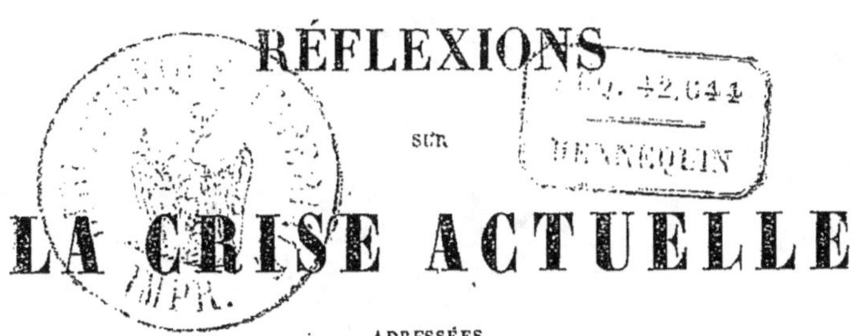

RÉFLEXIONS

SUR

LA CRISE ACTUELLE

ADRESSÉES

AU COMMERCE DE PARIS,

PAR

J. DELAMATHE,

Auteur des Considérations sur la prochaine Assemblée constituante.

Res, non verba.
To be or not to be.

2ᵉ Édition.

PARIS

IMPRIMERIE CENTRALE DES CHEMINS DE FER, DE NAPOLÉON CHAIX ET Cⁱᵉ,

rue Bergère, 8, près le boulevard Montmartre.

21 Mars 1848.

RÉFLEXIONS

SUR

LA CRISE ACTUELLE

ADRESSÉES

AU COMMERCE DE PARIS,

PAR

J. DELAMATHE,

Auteur des Considérations sur la prochaine Assemblée constituante.

Res, non verba.
To be or not to be.

Dans les circonstances graves où se trouve le pays, les événements, les actes du pouvoir se succèdent avec tant de rapidité que nul ne sait comment il doit agir pour soumettre à temps son opinion sur les diverses phases de la crise actuelle.

C'est ainsi que, dès les premiers jours, le Gouvernement provisoire avait tranché la question financière ou commerciale en promettant d'aider le commerce. Comment le ferait-il? Là était la question. Mais, en présence d'une promesse aussi formelle, comment traiter une question aussi délicate que celle du crédit? Si l'on devait se trouver avoir les mêmes opinions que le Gouvernement provisoire, mieux valait se taire, afin de lui laisser tout le mérite de la mesure. Si l'on ne devait pas partager ses opinions, mieux valait encore se taire pour le moment, afin de ne pas affaiblir d'avance les avantages de la mesure qui serait prise, sauf plus tard, s'il y avait lieu, à donner son avis pour compléter cette même mesure en ce qu'elle aurait d'insuffisant.

Aujourd'hui, et en ce qui concerne Paris, tous nos scrupules sont levés par l'arrêté qui fonde un comptoir national d'escompte, au capital de 20 millions, dont un tiers à fournir par le commerce, et les deux autres tiers à garantir, moitié par la ville de Paris, moitié par l'État;

Les bénéfices aux seuls actionnaires commerçants;

Les pertes à la charge de tous.

Cette mesure est bonne en ce qu'elle montre la confiance du Gouvernement provisoire dans le commerce, en ce qu'elle prouve tout son désir de lui venir en aide.

Mais cette mesure en elle-même est insuffisante, parce qu'elle se place à côté du commerce, tandis qu'il aurait fallu au contraire vivifier les éléments de crédit déjà existants.

C'est la question que nous allons traiter dans les pages suivantes.

La grande faute que commettent en général les hommes politiques, c'est de vouloir toujours employer des moyens analogues dans des circonstances analogues, sans penser à tenir compte des éléments qui ont pu modifier dans l'intervalle la position de l'ordre social, politique ou commercial.

De ce qu'en 1830 l'établissement d'un comptoir d'escompte a rendu quelques services, on en conclut qu'on doit recourir en 1848, au même moyen, comme si les rapports du commerce et des capitalistes étaient restés les mêmes.

En 1830, les rapports du commerce en banque avaient lieu avec tous banquiers particuliers, même pour ceux qui avaient des comptes ouverts à la Banque de France. On n'avait pas alors les caisses ou comptoirs d'escompte qu'on possède aujourd'hui.

Dans cette position, voici ce qui arriva en 1830. La Banque de France, qui, comme on sait, n'est pas *prêteuse*, éplucha davantage le papier présenté à l'escompte ; de leur côté, les banquiers, qui pouvaient être ruinés du coup s'ils se trouvaient compromis dans une crise plus ou moins prolongée, supprimèrent les crédits et furent plus difficiles que jamais dans les négociations. Les sources où le commerce puise l'élément de ses rapports et de son travail se trouvèrent ainsi fermées de tous les côtés.

Dans cette position, que devait faire le gouvernement? Il y avait quatre partis à prendre.

Aider tous les commerçants. — C'eût été un dédale à n'en jamais sortir. On crut pallier les choses en faisant des choix, soi-disant les plus solides ; et, comme cela arrive toutes les fois que l'État quitte son rôle politique, ces secours étant donnés à la faveur, on perdit beaucoup d'argent, on ne fit rien de bon. Aussi cette fois on ne parle pas de cette espèce de secours.

Aider les banquiers. — Ce parti était plus convenable ; mais outre la nécessité de faire des choix comme pour les commerçants, rien ne garantissait que ce secours serait appliqué à satisfaire, dans une plus forte proportion, aux besoins de leur clientèle. Ensuite, cela fût-il, la nature de leurs opérations toutes particulières ne permettait guère le contrôle et la vérification.

Le troisième parti était d'aider la Banque de France elle-même ; ou plus exactement c'était de dire à la Banque : « Depuis trente ans, vous jouissez d'un monopole qui vous procure de jolis bénéfices Ces bénéfices vous imposent des devoirs, au moins moralement. Jusqu'ici on ne vous a demandé aucun sacrifice. Ayant profité de la prospérité du commerce, comme vous l'avez fait, ne pourriez-vous pas l'aider un peu dans la crise actuelle? Voyons. Augmentez vos escomptes, de moitié, par exemple ; s'ils étaient de 150 millions, portez-les à 225, à 250, 300 millions, s'il le faut. Rassurez le commerce par un puissant effort : c'est une crise à passer. L'essentiel, c'est de gagner du temps pour que chacun puisse reprendre confiance et aviser aux moyens de rentrer dans l'état normal. Faites ce sacrifice, dont vous aurez, du reste, bientôt la récompense dans la reprise des affaires, dans l'augmentation régulière de vos négociations ; au besoin nous vous aiderons. »

Nous ignorons si ce langage a été tenu à la Banque de France.

Mais s'il a été tenu, à en juger par le parti adopté alors, voici quelle a dû être la réponse de la Banque : « C'est avec plaisir que nous avons encaissé les bénéfices du monopole que le grand homme nous a accordé sans condition aucune, dans la soif qu'il avait d'établir une aristocratie ; c'est avec plaisir que nous avons pris notre part, et nous en convenons, une part fort belle, dans la prospérité du commerce ; c'est même

» .avec plaisir que nous ferons encore d'énormes bénéfices sur
» le commerce, quand la crise sera passée ; mais pour rien ris-
» quer pendant cette crise, sachez que nous n'en ferons rien.
» Notre métier, c'est de gagner de l'argent et non d'en perdre.
» Que le commerce s'arrange, ça le regarde. Si vous voulez
» l'aider de votre argent, rien de mieux ; nous ne nous y oppo-
» sons pas. Au contraire, faites vous-même quelque chose pour
» le commerce. C'est l'intérêt, c'est le devoir d'un bon gouver-
» nement de protéger le commerce. Mais comment n'avez-vous
» pas songé à ce moyen-ci? il est pourtant bien simple. Dans ce
» moment, ce qui nous empêche de négocier, c'est la crainte
» que les banquiers, les commerçants ne nous offrent pas assez
» de garanties. Leur papier n'est pas mauvais, mais aujourd'hui
» il offre des chances ; et la seule idée de courir une chance
» autre que celle d'un profit nous donne la chair de poule. Eh
» bien ! rassurez-nous ; créez un comptoir d'escompte qui ser-
» vira d'intermédiaire entre nous et le petit commerce ; nous lui
» prendrons avec le plus grand plaisir son papier ainsi garanti
» par vous. A cette condition, en courant cette chance, nous
» serons trop heureux de venir à l'aide de ce pauvre commerce
» qui est dans une position si intéressante, et auquel nous de-
» vons bien cette nouvelle preuve de notre amour, de notre sol-
» licitude. »

Ainsi dit, nous nous trompons peut-être ; ainsi pensé, fut
fait. Et ce quatrième parti fut adopté.

Un comptoir d'escompte fit en 1830 ce que la Banque de
France devait faire. En d'autres termes, ce que la Banque devait
faire, elle le fit faire indirectement par un comptoir d'escompte
qui endossa la responsabilité, et l'État en fut pour son argent,
ce comptoir d'escompte ayant même perdu au-delà du capital
alloué en principe ; mais la Banque en fut pour une augmentation de bénéfices. Il y a des gens qui trouvent toujours moyen
de sortir *à leur honneur* des plus mauvaises positions.

Toutefois, on aurait dû croire que depuis 1830 l'esprit public
avait fait quelques progrès dans la connaissance de l'économie
politique, et que dans le cas d'une crise nouvelle, l'État aurait
sur la Banque assez d'influence pour la décider à courir quel-

ques mauvaises chances, en compensation des bénéfices énormes que son monopole lui a toujours procurés, surtout ces dernières années, bénéfices tels que nous ne sachions pas que jamais institution de crédit en ait réalisé et distribué de pareils ; au pis aller, on pouvait croire que l'État aurait assez d'influence sur la Banque pour s'arranger directement avec elle au sujet des secours à donner au commerce, sans avoir besoin de recourir à l'intermédiaire d'un comptoir d'escompte, intermédiaire déjà mauvais en 1830, mais en 1848 d'autant plus mauvais qu'il vient sans nécessité faire concurrence à d'autres institutions du même genre.

Quand nous disons que l'intermédiaire d'un comptoir d'escompte a été mauvais en 1830, cela mérite explication. Nous convenons que l'établissement d'un comptoir d'escompte, en présence de l'impuissance des banquiers et du mauvais vouloir, du caractère craintif de la Banque de France, valait mieux que rien ; mais du moment que c'était la Banque de France qui, en prenant le papier du comptoir d'escompte, devait lui fournir les fonds pour faire de nouvelles négociations, nous disons qu'il eût beaucoup mieux valu que l'on s'arrangeât pour se passer de cet intermédiaire à la fois dangereux et incapable.

En effet, le comptoir d'escompte, entraîné par la position du moment, géré par des hommes plus ou moins en dehors de tout contact avec le petit commerce, n'a pu mettre dans ses avances toute la prudence, toute la circonspection qu'exige une mesure aussi délicate que celle de secourir le commerce. Outre que son objet même détruisait déjà une partie des avantages qu'on en attendait, en excluant une grande partie du moyen commerce qui craignait de se compromettre en demandant cet appui, il y avait de très-grands inconvénients à secourir indifféremment un peu tout le monde.

Aider à tort, par exemple, un fabricant qui est dans de mauvaises affaires, ce n'est pas secourir le commerce ; c'est, au contraire, lui faire beaucoup de mal en donnant à ce fabricant les moyens de travailler plus longtemps, d'augmenter sa fabrication ; car, comme il travaille mal et vend mal, sa concurrence, en dépréciant la marchandise, fait ainsi plus de tort aux autres qu'on n'a pu leur faire de bien en leur prenant quelque papier. Aussi croyons-nous que le seul avantage du comptoir d'escompte en 1830 a été de relever les esprits, et par suite d'allonger un peu la courroie, si dans un sujet de ce genre cette expression nous est permise. Sans doute, c'était toujours autant de gagné; mais, bien certainement, on pouvait obtenir mieux, et beaucoup mieux. Il aurait pour cela fallu se passer du comptoir d'escompte, et, à des conditions quelconques, obtenir de la Banque de France, sans intermédiaire, les services qu'elle n'a voulu rendre qu'avec cet intermédiaire. Alors, tout le moyen commerce, généralement plus solide, et en même temps celui qui fait vivre le petit commerce, aurait pu s'adresser à la Banque de France, premier point; second point, cette concurrence de la Banque aurait obligé les banquiers à desserrer leur bourse, à être plus accommodants avec le moyen commerce. Ainsi, en 1830, l'établissement d'un comptoir d'escompte, d'une utilité fort contestable pour le petit commerce, n'a servi qu'à écarter le moyen commerce, le livrant sans défense et sans concurrence aux conditions usuraires des banquiers.

Nous pensons que telle sera encore la conséquence de la mesure prise par le Gouvernement provisoire. Nous dirons plus : dans l'état où sont les choses, un nouveau comptoir d'escompte va faire beaucoup plus de mal qu'en 1830, car il fera cette fois concurrence à des institutions du même genre, qui alors n'existaient pas.

Il nous est impossible de comprendre comment le Gouvernement provisoire n'a pas tenu compte de ces nouveaux faits.

Dans le commerce, comme dans l'ordre politique, il y a une filiation nécessaire du petit au grand, qu'on ne peut éviter ni briser sans inconvénient, sans danger.

Dans l'ordre naturel des choses, le papier du petit et du moyen commerce ne va pas directement à la Banque de France; il s'éparpille à droite, à gauche; gagne en chemin de nouvelles signatures, et ainsi amélioré il se présente au gros commerce, aux banquiers ou aux banques particulières; et après toutes ces allées et venues, une partie va attendre son échéance dans le portefeuille de la Banque de France.

S'interposer dans cette marche naturelle des choses, c'est d'abord ôter de dessus le petit commerce le contrôle qu'apporte nécessairement plus ou moins de difficulté dans le placement du papier ; c'est ensuite enlever au commerce plus élevé, aux banquiers, aux banques elles-mêmes, une partie de ce papier, qui pour eux, dans bien des cas, fait plus ou moins l'office d'argent, et à ce titre économise plus ou moins l'intérêt des capitaux. De ce côté, la suppression ou retrait du papier du moyen et petit commerce fera beaucoup de mal.

Mais là ne se bornera pas le mal. Aujourd'hui nous avons plusieurs comptoirs d'escompte qui n'existaient pas en 1830. De même que la Banque de France, ces comptoirs emploient à leurs négociations l'argent laissé ou mis en dépôt par le public. Comme de raison, la crise actuelle va peser sur ces comptoirs comme sur tout le monde ; le public est donc naturellement disposé à les suspecter. Si, dans cette disposition du public, vous venez maintenant établir une véritable concurrence à ces comptoirs, qui précisément font déjà ce que vous voulez faire , qui ne demandent pas mieux que de continuer, ne craignez-vous pas que le public, alarmé de cette concurrence, ne conçoive des craintes plus réelles contre ces établissements, qu'il ne retire ses fonds en partie ou en totalité? De plus, en offrant à la Banque de France la garantie bien liquide d'un comptoir d'escompte créé par vous, Gouvernement, ne voyez-vous pas que les capitaux dont elle peut disposer, changeant leur cours ordinaire, iront tomber immédiatement dans les mains du petit commerce, tandis qu'autrement ces mêmes capitaux, remis dans les comptoirs déjà établis , auraient passé de proche en proche, de main en main, du gros commerce au moyen, du moyen au petit, vivifiant ainsi toutes les parties du corps commercial ?

Ainsi, avec le comptoir d'escompte, tel qu'on l'établit, on aide bien le petit commerce, mais on s'expose à l'aider mal, tandis qu'il aurait été naturellement aidé, comme il doit l'être, par le moyen ou gros commerce, si ceux-ci étaient soutenus. On ne soutient pas le moyen et le gros commerce qui ne voudront pas aller au nouveau comptoir d'escompte, et l'on inquiète, l'on menace, l'on paralyse les comptoirs existants qui auraient pu soutenir le moyen et le gros commerce, en faisant porter ailleurs les capitaux de la Banque de France sur lesquels ils devaient compter. On les prive à la fois d'argent et de crédit.

On fait plus; on établit contre eux une concurrence redoutable, à laquelle il leur serait impossible de résister si le nouveau comptoir était fortement organisé. En effet, comment résister à des rivaux auxquels on laisse tous les bénéfices *exclusivement*, article 3, et auxquels on offre, quant aux pertes, la garantie de l'État et de la ville jusqu'à due concurrence des deux tiers, article 4. Heureusement pour les anciennes caisses, le nouveau comptoir n'a que des ressources fort bornées.

Au lieu du comptoir d'escompte tel qu'on l'a établi, et puisque la Banque de France a toujours besoin, dans les moments de crise, de la garantie d'intermédiaires, il nous semble qu'il aurait beaucoup mieux valu, s'emparant des éléments créés depuis 1830, offrir aux comptoirs existans aujourd'hui l'appui du Gouvernement.

Voici, par exemple, la caisse Gouin arrêtée par le refus d'un secours, dit-on, de 15 millions. Cette suspension rejaillit nécessairement sur toute sa nombreuse clientèle, plus nombreuse bien certainement que ne le sera de longtemps celle du nouveau comptoir. Eh bien! avec la simple garantie que, d'après la décision du Gouvernement provisoire, l'État et la ville de Paris vont donner au nouveau comptoir, on conservait la caisse Gouin sur pied; les capitaux lui revenaient; sa nombreuse clientèle restait debout; tout le petit commerce traitant avec cette nombreuse clientèle en recevait l'heureux contre-coup. Pense-t-on que le nouveau comptoir, si utile qu'on le suppose, réparera jamais le mal qu'on aurait pu facilement éviter avec un aide mieux entendu et fait à propos?

Nous ne connaissons pas la position des autres comptoirs d'escompte, mais il est fort vraisemblable qu'ils doivent être tous plus ou moins affectés par la crise actuelle et par le contre-coup de la suspension de la caisse Gouin. Il est à craindre qu'ils ne soient entraînés à restreindre leurs opérations avec leur clientèle, tandis qu'il aurait fallu au contraire, dans l'intérêt du commerce, qu'ils fussent disposés à prendre la clientèle de la caisse Gouin, si cette caisse ne pouvait se relever, et même une partie de la clientèle des banquiers particuliers, qui alors seraient devenus plus accommodants qu'ils ne le seront autrement.

Pour obvier à ces dangers, qui, dans la position actuelle, créent aux trois quarts tout le mal, nous pensons que l'État devrait donner un appui, et il peut encore le faire, à chacun de ces établissements.

Il leur offrirait soit en espèces, ce qui vaudrait mieux, soit en bons du Trésor, que la Banque prendrait, une certaine somme proportionnelle, par exemple, au chiffre du capital social réalisé dans chaque établissement, — cette somme à 3 ou 4 % d'intérêt au plus, — à restituer par termes, en accordant le plus de temps possible. Par contre, on imposerait la condition d'augmenter le chiffre du papier négocié dans telles proportions ; et l'État, comme avec le nouveau comptoir national d'escompte, entrerait pour une certaine proportion dans la perte qui serait faite sur les effets négociés, entre la remise et la rentrée des fonds avancés. Trente millions, ainsi répartis, courraient beaucoup moins de chances qu'avec le nouveau comptoir d'escompte, et rendraient bien autrement de services, car ils ranimeraient la confiance des capitaux, et permettraient de soutenir la clientèle de tous ces établissements.

Nous le répétons, ce n'est pas en escomptant le papier du petit commerce par des moyens exceptionnels qu'on lui rendra réellement service, c'est en soutenant le moyen et le gros commerce qui font vivre le petit commerce. Quand les acheteurs font défaut, quand les débouchés manquent, à quoi bon fabriquer ?

Pour nous, donc, nous croyons que le meilleur moyen d'aider le commerce, c'est de rétablir la circulation dans toutes les parties du corps commercial. Le commerce, privé du signe monétaire, est comme un homme mourant d'inanition : donnez à cet homme quelque nourriture, et les forces lui reviendront ; il sera bientôt sur pied. Rendez au commerce le signe monétaire en lui faisant prendre toutes les voies accoutumées, les banquiers, le gros commerce, le moyen et le petit commerce, et les maisons se soutiendront, se relèveront, la confiance renaîtra, le crédit se rétablira, et la crise sera considérablement atténuée.

C'est sur le gros et moyen commerce que doit porter toute l'attention du Gouvernement provisoire ; et cela est tellement évident que cette partie du commerce s'agite, n'est pas satisfaite de l'établissement d'un nouveau comptoir d'escompte, qui ne la concerne pas, ne peut pas la concerner, qui pour elle aggrave le mal, plutôt qu'il ne l'atténue, ainsi que nous l'avons expliqué.

Ce n'est pas à dire que le nouveau comptoir d'escompte ne rendra pas quelques services ; naturellement, il en rendra toujours ; mais ce ne sont pas les services qu'il devrait rendre ; et de plus l'argent qu'il prendra aurait été beaucoup mieux placé dans les comptoirs d'escompte déjà existants, d'où il aurait rendu des services à la fois plus réels, plus circonspects et plus étendus.

Nous engageons donc le commerce à réclamer sur ce point des comptoirs existants toute l'attention du Gouvernement provisoire.

Nous engageons aussi le commerce à se bien garder de demander en quoi que ce soit l'établissement de nouvelles institutions de crédit. C'est un mauvais moment pour de telles créations que les époques de crise et de révolution. Nul peut-être ne sait plus que nous combien il y a encore à faire à Paris, en France, quant aux institutions de banque et de crédit. Mais, quand on a de la peine à se tenir debout, ce n'est guère le moment de perdre ses efforts, de détourner ses capitaux en essais plus ou moins utiles.

La prudence commande pour le moment de se rattacher à ce qui existe, et c'est pour cela, puisqu'il y a déjà des comptoirs d'escompte, que nous demandons qu'on vienne, sinon les secourir, du moins leur donner de nouveaux moyens de venir au secours du commerce. Trente millions ainsi placés, surtout si la Banque de France veut bien s'y prêter, ce qui du reste est dans son intérêt, vaudront mieux que toutes les autres combinaisons qu'on pourra imaginer.

Quant à la Banque de France, le cours actuel de ses

actions nous permettrait] aujourd'hui de faire sur son organisation, sur sa manière] de travailler, certaines réflexions qui auraient aussi leur gravité. Nous ne serions plus arrêté, comme nous le fûmes l'an dernier, par la crainte de nuire à ses actionnaires, [en leur dévoilant les dangers auxquels les exposait la marche trop aventureuse de leur établissement. Le moment où ils subissent une aussi dure leçon serait mal choisi pour leur faire de la morale. Nous nous bornerons à engager la Banque de France à profiter de la crise actuelle pour changer sa manière d'être. Et nous ajouterons, dans son propre intérêt, que nos nouvelles institutions lui font un devoir, une nécessité d'aller au-devant des besoins du commerce, au lieu de se renfermer dans sa tente, si elle veut se faire pardonner la possession de son puissant monopole.

Nous allons [maintenant dire notre avis sur une autre question à l'ordre du jour, et qui nous paraît attendre encore une solution, malgré les paroles de M. Pagnerre à la députation des commerçants ; savoir, la prorogation des effets de commerce demandée maintes fois, encore réclamée à l'heure où nous écrivons, dans un des journaux les plus répandus.

Dans des circonstances comme celles où nous sommes, la prorogation des effets de commerce est une mesure qui se justifie en principe, puisqu'elle n'est que la conséquence forcée d'une situation anormale qu'il n'était donné à personne de prévoir ; mais elle offre dans la pratique, à certains égards, de grands inconvénients. Et c'est pour ne pas avoir su faire les distinctions nécessitées par des positions essentiellement différentes, que le doute existe encore sur la convenance de cette mesure. Nous allons établir ces distinctions.

Dans la pratique, à côté du commerce, à côté de la vie industrielle, il y a la vie privée, la vie de la main-d'œuvre, toutes trois à certain point inséparables. Si un commerçant ne touche pas à l'échéance l'argent d'un effet de commerce qu'il a en main, comment fera-t-il soit pour vivre, soit pour payer ses ouvriers ? Reculer l'échéance de cet effet, c'est nécessairement attaquer l'existence privée de ce commerçant, arrêter ses moyens de reproduction : cela est évident. Il en serait autrement si, au lieu d'être dans les mains d'un commerçant ou d'un simple particulier, qui ne peuvent attendre, ce même effet se trouvait entre les mains d'un établissement qui n'eût besoin de cette rentrée ni pour des affaires individuelles, ni pour la reproduction de marchandises. Cet établissement pourrait attendre; et, par suite, on pourrait accorder la prorogation du paiement au souscripteur, sauf, bien entendu, les précautions à prendre pour empêcher les abus d'une telle mesure.

Pour que cette prorogation eût des résultats utiles, sans inconvénients autres que ceux naissant de la crise actuelle, il faudrait donc renfermer cette prorogation dans un cadre où elle ne toucherait à aucun intérêt privé ou de commerce; il faudrait que cette faveur ne fût accordée qu'à ceux des effets qui se trouveraient placés en des mains pour ainsi dire neutres. On comprend de suite qu'une pareille mesure ne peut être que partielle. On comprend aussi que cette mesure n'est possible qu'à l'égard d'un seul établissement, la Banque de France. En effet, par l'élasticité de ses ressources, par sa position indépendante, la Banque pourrait seule sans danger, sans inconvénient, retarder le recouvrement des valeurs qu'elle a en main. Elle en serait quitte pour émettre quelques billets au porteur de plus, pour négocier quelques millions de moins. Or, comme les négociations à la Banque ont toujours pour but le paiement des effets de commerce, pour elle, à part l'intérêt, ne pas négocier et ne pas recouvrer, c'est la même chose que recouvrer et négocier. La prorogation ainsi comprise serait de fait, sous une autre forme, un renouvellement général de tous les effets, qui resteraient absolument dans les mêmes conditions.

Cette prorogation aurait pour le commerce tous les avantages d'un renouvellement, sans en avoir les ennuis, les inquiétudes, les dangers, les effets pris par la Banque étant généralement toutes bonnes valeurs. Il y aurait quelques exceptions, comme toujours; des maisons qui auraient pu payer de suite, pourraient devenir mauvaises avant le terme de la prorogation. Cette chance est inévitable avec toute mesure de ce genre. Mais aussi et par contre, beaucoup de commerçants qui manqueraient sans cette mesure, auraient le temps de soutenir leurs affaires, de se relever. Or, dans une crise aussi imprévue, c'est là et de de beaucoup le plus grand nombre, et les plus intéressants. Les avantages d'une pareille mesure, ainsi limitée à la Banque de de France, seraient immenses Le commerce, tranquillisé pendant plusieurs mois pour le payement d'une somme énorme, délivré de toutes les inquiétudes, de toutes les usures auxquelles donneront lieu des renouvellements que, dans la circonstance actuelle, il sera impossible d'éviter, le commerce aurait tout le temps de se retourner ; il n'aurait pas à mendier chez les banquiers, il n'aurait pas d'attermoiements à demander, il n'aurait pas à vendre à tout prix pour faire face à ses payements, etc. A notre avis, cette mesure aurait pour résultat, qu'on nous permette cette expression, de sauter à pieds joints par-dessus la crise actuelle, et les inconvénients seraient ceux que de toute manière on n'évitera pas, si l'on fait les recouvrements au milieu de cette même crise. Ce que demande le commerce, pris au dépourvu par une révolution inattendue, c'est d'obtenir le temps que les premières craintes de cette révolution s'apaisent, que les affaires sociales et politiques rentrent dans l'état normal ordinaire Il lui faut pour cela deux ou trois mois.

La prorogation des effets de commerce est donc chose juste en principe, et dans la pratique chose très-possible dans une certaine limite et sans grands inconvénients.

Voici comment nous entendrions cette mesure :

Tous les effets, *sans exception,* aux mains de la Banque de France, seraient prorogés de deux ou trois mois, jour pour jour ; — à l'échéance, il serait ajouté au capital l'intérêt à raison de 6 % l'an ; la moitié de cet intérêt pour la Banque ; l'autre moitié servirait d'abord à rembourser les pertes que la Banque aurait pu faire, par suite de cette prorogation, et s'il restait quelque chose, l'excédant serait distribué à ceux des commerçants porteurs d'effets dont les souscripteurs seraient tombés en faillite pendant la prorogation de l'échéance. — La Banque préviendrait, dans les trois jours, tous les payeurs aux effets qu'elle aurait entre les mains.

On comprend aisément le motif de ces derniers détails.

Quant à l'intérêt alloué à la Banque de France, nous le réduisons de 4 % à 3 % pour le cas actuel, moins parce qu'elle pourrait bien aussi, de son côté, faire un sacrifice, qu'à cause de la compensation réelle qu'elle trouvera naturellement dans l'accroissement et la solidité des affaires commerciales, si l'on évite, si l'on tourne la crise actuelle.

Nous voudrions aussi que toutes les valeurs fussent prorogées sans exception aucune. La mesure doit être générale. Toute dans l'intérêt du commerce et du pays, il ne faut pas que les mieux placés se fassent un mérite de payer au détriment du crédit des autres, trop heureux de retarder leur paiement; il faut aussi, et autant qu'il est possible, que les bons paient leur part d'intérêt pour les mauvais, s'il y en a. Si la loi l'avait permis, nous aurions proposé un intérêt plus élevé. On arriverait bien au même résultat si la Banque renonçait à la part d'intérêt lui revenant; mais ce n'est pas chose à lui demander.

Si la prorogation des effets de commerce est possible, ce n'est que de cette manière et à des conditions de ce genre.

Le défaut de cette mesure serait de ne pouvoir profiter à tout le monde; mais cela est dans la nature même des choses. Le commerçant dont le billet ou l'acceptation est entre les mains d'un autre commerçant doit payer, parce que, les besoins de tous deux étant égaux, on ne peut pas favoriser l'un aux dépens de l'autre. Il en est autrement avec la Banque de France. On ne lui fait aucun tort, tout en favorisant les commerçants dont elle a le papier entre ses mains. Il n'y a pas de préférence; c'est le hasard, le sort qui a décidé; rien d'arbitraire.

Quant aux inconvénients de cette mesure, ils seraient mille fois compensés par l'avantage immense de faire traverser à la plus grande partie du commerce les quelques mois de cette crise sans ennuis, sans inquiétudes, sans sacrifices. Un tel état de choses consoliderait bien vite toutes les opérations, et, de proche en proche, aurait bientôt rétabli le crédit.

Ainsi comprise, nous n'hésitons pas, pour notre part, à conseiller l'adoption de cette prorogation des effets de commerce. Le Gouvernement provisoire semble s'effrayer de cette mesure; il a tort. Seulement il faut l'adopter dans la seule limite des choses possibles. Aux grands maux les grands remèdes. Une révolution qui bouleverse tout l'édifice politique, qui modifie profondément tout le droit international en Europe, a surpris le commerce, les esprits comme un coup de foudre. Abandonner au contre-coup de cette révolution imprévue les rapports commerciaux contractés sous un autre ordre de choses et d'idées, c'est vouloir sa ruine ; et la ruine du commerce, qu'on y songe bien, c'est la ruine de l'ouvrier, la ruine des finances, la ruine du crédit de l'État.

Dans des circonstances, certes, moins imprévues et même moins critiques, le gouvernement anglais n'a pas hésité à prendre une mesure bien autrement importante, car il était impossible d'en calculer les conséquences et la durée. Il a suspendu le payement en espèces des billets de la Banque d'Angleterre. Cette mesure, qui a duré vingt-cinq ans, a, dans le temps, sauvé l'Angleterre d'une ruine commerciale, d'une ruine financière, et très-probablement d'une ruine politique.

La mesure que nous proposons a beaucoup d'analogie, mais en sens inverse, avec celle prise par le gouvernement anglais ; car au lieu de ne pas payer comme là-bas, il s'agirait ici de ne pas recevoir. Seulement, notre mesure, quoique motivée par des circonstances beaucoup plus graves, aurait nécessairement une durée très-limitée ; et de plus, les inconvénients, s'il y en a, se renfermeraient entre la Banque et les souscripteurs ou endosseurs des effets. Cette mesure ne toucherait en rien à aucun des autres rapports de la société, encore moins aux rapports internationaux, comme il a dû arriver en Angleterre avec la substitution du papier au numéraire. Tout se bornerait à proroger de deux ou trois mois l'échéance des effets, qui, plus tard, la crise passée, seront payés beaucoup plus aisément qu'ils ne peuvent l'être aujourd'hui. Le commerce demande qu'on lui permette de sauter à pieds joints par-dessus la crise actuelle, comme si elle n'avait pas lieu, pour se retrouver dans deux ou trois mois dans des conditions plus en rapport avec la position sous laquelle il a traité, contracté des engagements. Le Gouvernement provisoire voit pour quelques-uns des inconvénients à cette prorogation ; nous voyons, nous, l'avantage d'éviter pour tous les dangers d'une crise qui peut devenir épouvantable, combinée comme elle le serait, avec les questions sociales, politiques, internationales, soulevées en tous lieux par la dernière révolution. Peut-on un seul instant mettre ces deux considérations en balance !!...

En résumé, ce que nous proposons, ce que nous demandons :

C'est que la Banque de France fasse *un peu plus* pour le commerce ;

C'est que le Gouvernement provisoire offre aux comptoirs d'escompte déjà établis les moyens de venir plus en aide au commerce ;

C'est que par la prorogation des effets aux mains de la Banque de France, le commerce puisse traverser la crise actuelle sans inquiétude, sans sacrifices ruineux.

Le temps et le calme des esprits feront plus tard le reste.

SUPPLÉMENT A LA DEUXIÈME ÉDITION.

Les lignes qui précèdent étaient imprimées dès le 12 mars courant.

Malgré tous les événements passés pendant la semaine qui vient de s'écouler, nous maintenons nos réflexions; nous maintenons les conclusions de notre résumé.

Depuis le 12 mars, et ainsi que nous le conjecturions, lorsque, parlant en termes radoucis des autres comptoirs, nous disions, page 12 : « Il est fort vraisemblable qu'ils doivent être tous » plus ou moins affectés par la crise actuelle et par le contre-» coup de la caisse Gouin; » depuis huit jours, les caisses Ganneron et Baudon ont suspendu.

Depuis, le ministre des finances, qui avait d'abord pensé que la seule garantie de l'État pouvait suffire, a mieux compris la situation, et maintenant il réserve à la création de comptoirs une somme de 60 millions. Au point où en sont les choses, il est fort douteux que ces 60 millions suffisent. Le crédit est ébranlé; les plus fortes maisons tombent ou liquident; plusieurs comptoirs ont suspendu. Auparavant, avec moins de 60 millions, on pouvait soutenir la confiance, en tant qu'il s'agit de la crise commerciale et financière. Aujourd'hui, la confiance détruite (et le souvenir des fautes commises deviendra encore un obstacle), ce n'est pas avec de l'argent qu'on la rétablira. Il faudra maintenant du temps, et l'impulsion de grandes et puissantes mesures financières et même politiques.

Depuis, on a cru également pallier les dangers de la situation, en autorisant la Banque de France à suspendre le remboursement de ses billets. C'est là une des fautes les plus lourdes qu'on ait pu commettre. Au moment où nous écrivions, nous savions qu'il était déjà question de cette mesure ; mais pour notre part, en vérité, nous ne pouvions pas y croire ; nous ne pouvions pas y croire par deux raisons. D'abord, il nous semblait que la nouvelle République devait à tout prix , n'importe à quel prix , se garder de rappeler le souvenir des assignats. Or, du premier coup, la Banque, qui, l'an dernier, osait à peine émettre quelques millions en billets de 200 fr., a adopté des billets de 100 fr., qui paraissent, si l'on en croit un avis publié par elle, devoir être la base de ses futures transactions. Mais comme, sur cette pente fatale, on ne peut guère s'arrêter, par une conclusion logique, d'autres ont déjà demandé des coupures de 50 et même de 25 fr. Ensuite, il nous semblait que les craintes de la Banque étant les mêmes que l'an dernier, elle agirait comme l'an dernier, c'est à dire qu'elle élèverait le taux de l'escompte, vendrait les quelques rentes qu'elle s'était empressée de racheter ; enfin , nous pensions bien d'autres choses. Mais ce n'est pas ainsi que la Banque entend ses intérêts ; elle sait, au contraire, avec une admirable dextérité, plier ses principes à l'influence du vent qui domine. L'an dernier, l'argent se retirait par suite de besoins réels ; il y avait des comptoirs qu'il fallait encore ménager ; la crise, si elle avait éclaté, et elle aurait éclaté avec la suspension des remboursements, aurait été attribuée à la Banque seule, et avec raison, car elle provenait de sa mauvaise administration. Toutes ces considérations empêchèrent la Banque de songer à ce mode bien simple, d'accroître la circulation de ses billets ; mais comme il fallait maintenir, sinon élever encore le chiffre de ses actions, on profita de l'occasion pour élever le taux de l'intérêt, mentant ainsi (le mot est dur, mais il est exact), non seulement à tous les précédents, mais même à toutes les anciennes promesses. En effet, n'était-ce pas avoir pris l'engagement de ne jamais élever le taux de l'escompte que de refuser de le baisser à 3 1/2 et 3 0/0, sur la raison fort spécieuse que le but de la Banque étant plutôt de maintenir, de régulariser le taux de l'intérêt, elle ne devait pas, en temps prospère, le baisser, pour n'avoir pas à le relever plus tard dans les temps critiques, rien n'étant plus nuisible au commerce que ces hauts et ces bas, et la compensation se faisant du reste entre les bénéfices que la Banque pourrait faire alors et les sacrifices qu'elle saurait faire plus tard. Les bénéfices, accrus d'autant, ont été réalisés, distribués, empochés, et les sacrifices promis n'ont pas été faits et ne se font pas. L'an dernier, on éleva l'intérêt à 5 0/0, afin de repousser le papier, qui autrement se serait présenté *en masse*. Aujourd'hui, on n'élève pas l'intérêt, on le maintient à 4 0/0, sans doute afin d'appeler à soi le papier, étant reconnu de tous que les banquiers, que le commerce n'ont pas besoin d'escompter plus qu'à l'ordinaire, comme chacun sait ; et si vous ne le savez pas, demandez plutôt aux caisses Gouin, Ganneron, Baudon ; demandez encore à toutes les maisons qui se ferment ou suspendent (1).

Cette année-ci l'argent se retire par suite d'une panique ; le simple bon sens voulait que la Banque arrêtât cette panique en aidant les comptoirs et le gros commerce, afin que la circulation se rétablit dans tous les degrés de l'échelle commerciale ; c'était

(1) On nous a fait observer que la Banque n'avait pas demandé mieux que de venir au secours des comptoirs, de la caisse Gouin par exemple,..... mais qu'ayant pris connaissance de la situation de cette Caisse, la Banque avait dû refuser, ne voulant pas que son secours reçût une autre destination que celle des escomptes ou négociations. Avec de pareilles raisons, la Banque de France sera toujours en droit de refuser son aide. En effet, pour demander un secours il faut être gêné, et en banque l'on n'est jamais gêné que de l'une ou l'autre manière. — Ou l'on a donné à ses capitaux un mauvais emploi, en les immobilisant (reproche assez curieux du reste de la part de la Banque de France), et alors elle met en avant la raison ci-dessus. Ainsi, l'an dernier, c'est le commerce qui a payé pour réparer les fautes de la Banque. Aujourd'hui c'est encore le commerce qui paye parce que la Banque n'a pas voulu réparer la même faute commise par d'autres. — Ou bien, l'on est au-dessous de ses affaires, et alors la Banque refuse, mais cette fois avec plus ou moins de raison.

plutôt, encore que l'an dernier, le moment, et la chose était plus facile, de faire des efforts pour attirer l'argent, car cette fois-ci l'argent se cache, il n'est pas allé à l'étranger. Mais, en conscience, était-ce bien là le compte de la Banque de France? Cette fois-ci, on pouvait attribuer aux circonstances, aux événements toutes les conséquences d'une crise quelle qu'elle fût, sans avoir trop à craindre qu'il fût facile de démêler s'il y avait ou non de la faute de la Banque. On n'a donc pas manqué l'occasion ; on n'a rien fait pour les comptoirs qui tombent les uns après les autres; c'est toujours une concurrence de moins. On a négligé les sophismes de l'an dernier, quant à l'élévation de l'intérêt qui, cette année pas plus que l'an dernier, n'aurait dispensé de négocier (on en viendra peut-être plus tard à cette élévation de l'intérêt); mais comme on ne peut pas tout demander à la fois, on a avisé au plus pressé ; on a profité de l'entraînement des circonstances, de l'inexpérience du Gouvernement provisoire pour surprendre à sa bonne foi la suspension du payement en numéraire, en d'autres termes, l'accroissement de l'émission de papier au chiffre de 350 millions : ce qui, si nous ne nous trompons, fait environ 100 millions de plus que l'an dernier, à quoi il convient d'ajouter la somme d'au moins 100 millions en numéraire, dont la Banque peut impunément disposer relativement aux années précédentes. On voit que si la Banque a su traverser la crise de l'an dernier, en faisant des bénéfices énormes, tels qu'il n'est pas de commerce, si aventureux qu'on le suppose, qui ne s'estimât heureux d'avoir un pareil résultat à ses inventaires, elle s'arrange parfaitement bien jusqu'ici pour traverser la nouvelle crise sans danger, sans sacrifices, avec tous les honneurs de la guerre.

Nous ne savons pas encore comment cet excédant en somme ronde de 200 millions sera employé. Une partie sans doute servira à remplacer les comptoirs qu'on a laissé tomber, l'autre partie remplacera peut-être quelques banquiers ; l'excédant ira sans doute en province, ou servira à acheter des rentes. Au taux où elles sont aujourd'hui, ce serait en effet un fort joli placement. Une banque qui s'appelle de France ne pouvant mieux faire que d'immobiliser ses valeurs, nous recommandons cette opération à qui de droit.

Pour nous qui voyons se renouveler, sous une autre forme il est vrai, mais d'une manière encore plus scandaleuse, les abus du monopole de la Banque de France, nous n'avons plus maintenant qu'un seul regret : c'est de n'avoir pas appelé dès l'an dernier l'attention publique sur les empiètements successifs de cette institution toute de monopole. Nous avions cru alors devoir couserver un certain respect, certains ménagements pour l'intérêt particulier des actionnaires. Mais puisque les actionnaires ne savent et ne veulent pas assouplir leurs intérêts et leur conduite aux intérêts publics de la société, qui en fin de compte ne leur doit rien, et qui leur a tout donné, nous nous réservons de revenir plus tard sur ces questions. Il ne nous sera pas difficile, quand nous le voudrons, de prouver que le monopole actuel de la Banque de France est à la fois contraire aux intérêts du commerce et de la nation, et à la base de nos nouvelles institutions.

En attendant, nous dirons, et l'on nous comprendra aisément : tous les rapports du commerce et de la société se pliant dans un temps donné aux institutions qui existent, et la Banque de France étant par malheur la plus forte institution du pays, c'est sa conduite qui dirige, règle, domine tous les rapports de la société et du commerce, bien entendu en tant qu'il s'agit de numéraire et de circulation. En temps ordinaire, il n'est déjà pas indifférent que la conduite de la Banque soit sage, régulière, à certains points modérée ; mais si elle s'en écarte, le mal, réduit à cela seul, est peu de chose. Il en est autrement dans les temps extraordinaires, dans les temps de crise, de révolution ; le moindre changement de la part de la Banque aggrave d'autant le mal. Ainsi, par exemple, la Banque se montre difficile envers les comptoirs existants: aussitôt la moitié d'entre eux tombe, le commerce qu'ils soutiennent croule ; la méfiance, la panique, surviennent ; une crise financière éclate; tout le monde souffre, excepté la Banque, qui se console du malheur général en émettant plus de billets au porteur, en augmentant ses bénéfices, en voyant se relever le cours de ses actions. Une institution qui se serait respectée aurait fait des sacrifices énormes, afin de racheter les bénéfices énormes passés, nous ne dirons pas les bénéfices énormes futurs; car nous espérons bien que le commerce, que l'opinion publique, que le Gouvernement *définitif* que nous allons avoir, sauront y mettre bon ordre.

En attendant, comme le grand point dans le moment actuel est d'empêcher la ruine du commerce, il faut aviser au plus pressé, et le plus pressé c'est d'empêcher les suspensions de payement qui chaque jour s'étendent d'une maison à l'autre. Pour cela, il ne faut ni faveur ni privilége. Or, c'est un privilége, une faveur, que d'accorder à la Banque la suspension de ses remboursements, tandis qu'on refuse au commerce la suspension de ses payements. En admettant que la Banque de France consacre au seul commerce, ce que nous ne croyons pas, les 150 à 200 millions dont par le dernier décret elle peut impunément disposer, ses escomptes ne s'appliqueront naturellement qu'aux valeurs restées les plus solides, ou par hasard couvertes du plus grand nombre de bonnes signatures. Ce sera exclure nécessairement beaucoup de bonnes maisons atteintes, menacées par la crise actuelle, au profit de celles-là que le hasard ou la Banque aura favorisées. Ce sera exclure aussi toutes les parties du commerce qui n'auront pas vendu à mesure, et à Paris, dans les temps de crise, le nombre en est énorme. En fait, la faveur exorbitante accordée par le Gouvernement provisoire profitera seulement à la Banque de France et à celles des maisons de commerce assez heureuses pour inspirer quelque confiance. En d'autres termes, cette faveur exorbitante profitera à ceux-là qui en ont le moins besoin.

C'est pour cela que nous désirions la prorogation des effets aux mains de la Banque de France, et que nous disions, page 12 : « Beaucoup de commerçants, qui manqueraient sans cette me- » sure, auraient le temps de soutenir leurs affaires, de se » relever. Or, dans une crise imprévue, c'est là et de beaucoup » le plus grand nombre, et les plus intéressants. »

Pour justifier (que ne justifie-t-on pas avec des sophismes), pour justifier la crise actuelle on prétend que les maisons qui suspendent, qui succombent, étaient déjà dans de mauvaises affaires, et que la Révolution n'a fait que précipiter un dénouement inévitable. On a même été jusqu'à dire qu'un tel résultat était fort heureux ; que plus tôt le terrain serait déblayé, mieux vaudrait, et que sur le sol ainsi raffermi le commerce n'en reprendrait que plus vite, avec plus d'ardeur, avec une perspective plus belle, un véritable *Eldorado*.

Ce raisonnement serait tout au plus admissible si la crise actuelle provenait des fautes, des excès du commerce. Pour certaines maisons qui succombent aujourd'hui cela doit être, car dans le nombre il en est toujours qui travaillent mal. Mais quand une révolution bouleverse de fond en comble tout l'édifice politique, menace plus ou moins directement l'édifice social ou industriel, lorsque la contagion de l'exemple s'étend de proche en proche sur toute l'Europe, lorsque, par suite, au dedans et au dehors toutes les relations habituelles du commerce sont interrompues, sont menacées dans leur existence, est-il donc bien extraordinaire que le négociant qui n'ose plus vendre, qui ne peut plus vendre, qui ne peut faire ses rentrées, qui ne peut plus négocier, soit gêné et suspende ses payements ?

La crise actuelle, en tant qu'elle frappe sur la généralité du commerce, vient du fait imprévu, irrésistible, de la révolution. Cela est de toute évidence. Il est donc faux, il est même immoral de se retrancher derrière des sophismes pour prétendre que le commerce n'a aucun droit aux sympathies du Gouvernement. Avec de tels sophismes on est excusé de ne rien faire du tout. Cela est fort commode et simplifie beaucoup les questions. Et encore, on s'est trompé en pensant qu'on ne ferait rien du tout ; au contraire, on a fait beaucoup, et même beaucoup trop. Il est vrai que c'est au profit d'un établissement privilégié, et non pas au profit du commerce. Comme on n'a su rien faire directement, le besoin d'argent, auquel on n'a pas su parer dans le principe, s'est pour ainsi dire déplacé, et l'argent que la Banque de France n'a pas su donner à temps et qu'elle a refusé, on est venu le lui demander, le lui reprendre d'une autre manière. Avec 100 millions en plus de négociations faites en temps opportun, elle aurait maintenu le crédit et pu conserver une réserve convenable ; elle n'a pas voulu le faire, sachant bien que ce n'était pas elle qui payerait pour ses fautes et son mauvais vouloir. La confiance du commerce, qui peut seule retenir en chemin un excédant de circulation, tout comme elle retient la circulation ordinaire, étant détruite, les billets inutiles sont rentrés *directement*, de là remboursements exagérés, puis panique. Une augmentation de circulation de billets était facile avec le crédit sur la place; le crédit étant tué, il a fallu décréter cette augmentation de circulation, en d'autres termes demander à la force ce que la Banque n'avait pas su ou voulu demander à la confiance, au crédit. Tel est l'état des choses.

Mais cet état de choses est anormal. Dans un pays où le souvenir des assignats existe encore, dans un pays réputé le plus riche en numéraire, une circulation forcée de papier-monnaie ne peut tendre qu'à alarmer les esprits, à détruire la confiance, et cela pendant plusieurs mois, sinon pendant plusieurs années. Le crédit forcé peut être utile à la Banque de France, nous en convenons; mais il est fort nuisible au commerce, qui, indépendamment de la ruine du crédit, perdra plus par la seule privation du numéraire en circulation, qu'il ne pourra gagner par l'excédant de billets émis par la Banque, et qui de plus aura l'agrément de dépendre plus ou moins de l'établissement dispensateur du papier-monnaie et du crédit, tandis qu'auparavant il avait encore la ressource des banquiers et des capitalistes. Aussi, nous ne voyons pas jusqu'ici en quoi cette mesure a servi au commerce. Mais ce qui frappe les yeux, ce sont les maisons qui suspendent, ferment, et jettent *sur la place publique* des milliers d'ouvriers.

Dans les circonstances majeures, c'est toujours aux grandes institutions qui dominent une place, qu'il faut recourir d'une manière ou d'une autre. Il fallait donc recourir à la Banque de France, mais pour cela il y avait deux modes : l'un, celui adopté, la suspension du remboursement des billets; l'autre, celui que nous avons proposé, la prorogation des effets aux mains de la Banque de France.

De ces deux modes, celui adopté n'a qu'un avantage, c'est de profiter à la seule Banque de France; il ne donne pas au commerce un sou de plus que l'autre mode, et ses inconvénients sont d'alarmer, de chasser le numéraire, de propager la méfiance, de détruire le crédit entre commerçants, qui, sauf ceux favorisés par la Banque , seront tous forcés de s'exécuter avec plus ou moins de sacrifices, si mieux ils n'aiment suspendre pendant toute la crise , faisant ainsi d'eux-mêmes et par prudence, ce que le Gouvernement provisoire aurait dû leur accorder de droit. Enfin , l'inconvénient de ce mode , c'est de n'avoir pas de terme connu.

L'autre mode, celui que nous proposons toujours , est nécessairement limité de fait ; il dispense, dans le moment le plus critique , les commerçants de faire aucuns sacrifices pour les engagements contractés avant la révolution , il leur donne tout le temps de se retourner ; il permet à l'argent qui existe sur place de se porter vers les points qui en ont momentanément besoin, de là une circulation plus grande, et par suite une augmentation de crédit ; il rétablit à certains points la confiance, rassure le numéraire, le rappelle au jour ; enfin, il permet, tout comme l'autre mode , à la Banque de France d'augmenter ses émissions, mais provisoirement.

En d'autres termes , tandis que par l'émission obligatoire de ses billets au porteur , la Banque de France n'a doublé le chiffre de ses opérations qu'au moyen de négociations nouvelles, dont moitié constitue une augmentation d'opérations, dont l'autre moitié remplace d'autres valeurs que le commerce ne pourra guère payer sans se ruiner , nous aurions voulu, nous, au contraire, que ce dernier payement n'eût pas lieu pour le moment ; que ces valeurs ne fussent pas à remplacer ; qu'elles restassent aux mains de la Banque, et que l'excédant d'effets demandé à la Banque portât seulement sur l'excédant qu'elle aurait donné à ses opérations habituelles. La différence entre les deux modes est donc celle-ci : la Banque exige le payement immédiat, et à tout prix, des effets créés antérieurement à la Révolution, et elle négocie au moyen de sa circulation augmentée, disons pour 300 millions payables dans les trois mois ; c'est ce qu'elle fait aujourd'hui. Ou la Banque n'exige pas le payement immédiat, et négocie seulement pour 150 millions, et rentre également à mesure dans ses 300 millions ou plus, seulement avec un retard de deux ou trois mois pour les premiers 150 millions ; c'est ce que nous proposons. L'avantage pour le commerce est donc de n'être pas obligé de payer de suite, d'avoir devant soi deux ou trois mois. Pour la Banque, la circulation est la même. L'inconvénient pour elle, c'est de courir quelques chances de plus par suite du retard des premiers effets; mais en présence des suspensions de payement qui ont lieu de tous côtés, même de maisons réputées jusqu'ici les meilleures, les plus solides, nous nous imaginons que dans l'ensemble il y aurait encore plus d'avantage que d'inconvénient pour la Banque à un retard convenable dans le payement de toutes ses valeurs en portefeuille, sur lesquelles précisément doivent figurer ces maisons, jusqu'ici les plus solides. Si l'on met de côté la question des comptoirs qu'elle désire renverser, la question d'un papier-monnaie dont les bénéfices plus ou moins légitimes ont jusqu'ici tenté toutes les banques sans exception, on peut dire que, pour les valeurs qu'elle a en main, il est dans l'intérêt de la Banque, comme dans celui du commerce, que le payement en soit prorogé.

Quant à la ruine des autres comptoirs, nous ne pensons pas qu'il soit dans l'intérêt de l'État d'aider la Banque dans ses projets; et quant à l'émission d'un papier-monnaie, nous croyons que plus tôt on réparera cette faute, mieux vaudra.

Avec le mode suivi, le payement immédiat des effets de commerce est obligatoire et le payement des billets de la Banque est suspendu; avec le mode proposé, le payement par le commerce est suspendu, et le payement des billets de la Banque obligatoire. Avec le mode suivi, on écrase le commerce, on viole tous les principes de banque et de crédit, et l'on ne sait pas quand cette position violente aura un terme. Avec le mode proposé, on observe les principes de crédit et de banque, on soulage le commerce; plus tard les choses rentrent insensiblement dans l'état normal.

Sous tous les rapports, le mode proposé est donc préférable. Si l'on ne veut pas une crise commerciale indéfinie, il faudra tôt ou tard l'adopter, soit qu'on laisse ou qu'on retire à la Banque la concession actuelle.

Quant aux comptoirs existants, quoique la moitié du mal soit déjà faite, nous pensons encore que l'on devrait les aider, ou étendre leurs moyens de venir au secours du commerce.

Quant à notre désir que la Banque fasse *un peu plus* pour le commerce, on sait notre opinion. Cependant nous devons à la vérité de reconnaître ici que la Banque a souscrit pour la somme de 200,000 fr. dans le nouveau comptoir national de Paris. Pour elle c'est là un grand sacrifice ; car il est très-probable que cela va rogner de quelque peu les bénéfices qu'elle espère et attend de l'intermédiaire d'un nouveau comptoir d'escompte chargé d'endosser pour elle toute la responsabilité. En présence d'un fait aussi rare que ce risque, le courage nous manque pour en examiner les motifs intéressés. Nous aimons mieux y applaudir ; ce que nous faisons de bien bon cœur.

Au moment de clore ces lignes, nous lisons dans un journal que le Gouvernement provisoire vient, par un décret, d'autoriser les tribunaux de commerce à accorder un sursis de trois mois au plus aux commerçants qui en feraient la demande.

Ainsi, comme on le voit, on revient par des moyens détournés à des mesures analogues à celle que nous avons proposée, mais pour essayer de pallier le mal et non pour l'éviter. On augmente en fait la circulation de la Banque de France, mais en lui accordant le droit d'exiger le payement immédiat des valeurs créées avant la révolution ; et si, pour n'être pas ruinés par ce payement immédiat, les commerçants suspendent, on leur accorde un sursis de trois mois !... On compromet sans nécessité, sans utilité aucune, les commerçants, et lorsqu'ils sont compromis, c'est-à-dire ruinés, car le défaut de payement à présentation et la demande publique d'un sursis sont, en fait de commerce, une véritable ruine , on reconnaît, on leur accorde la prorogation du payement. En vérité, c'est à n'y rien comprendre !..... N'était-il pas plus simple d'envelopper tout le commerce dans une mesure générale, qui eût été pour tous un sursis de deux à trois mois. Nul n'ayant de sacrifices à faire s'il paye, nul n'ayant de sursis à demander, s'il ne peut pas payer, toutes les maisons seraient restées dans le *statu quo,* dans leur position actuelle ; toutes auraient conservé leur crédit ; toutes auraient eu le temps de se retourner.

On aurait voulu augmenter la puissance énorme du monopole de la Banque de France ; on aurait voulu ébranler, discréditer, ruiner tout le commerce au profit de quelques maisons heureuses ou privilégiées par la Banque de France, que, certes, on ne s'y serait pas pris autrement.

Quoique les mesures déjà proposées par nous deviennent de plus en plus tardives, nous persistons encore à dire que si on veut sauver la position commerciale et financière, il faut et au plus tôt :

Donner aux comptoirs existants toute la protection possible ;

Accorder à toutes les valeurs créées avant la Révolution et qui se trouvent aux mains de la Banque de France un sursis, une prorogation de deux à trois mois ;

Et par contre, obliger la Banque de France, dans la semaine, dans les dix jours au plus, à rembourser ses billets. Cela pourra lui imposer des sacrifices, nous le savons, et même nous désirons que la leçon lui profite. Si le numéraire lui manque, elle n'a qu'à en acheter ; il n'en manque pas à Paris, en France, ni à la Banque d'Angleterre. On ne fait pas des bénéfices nets de 15 à 18 % en vertu d'un monopole sans contracter l'engagement moral de faire, au besoin, des sacrifices. Serait-ce par hasard encore au commerce à faire les frais du remboursement des billets de la Banque, après qu'il a payé, sous la forme d'intérêt ou d'escompte, le service de leur émission ? On conviendra que c'est pour le moins la moitié, les trois quarts de trop.

Avant de finir, une dernière réflexion.

On s'étonnera peut-être de voir que dans tout ce qui précède nous insistons continuellement sur le maintien, sur l'*emploi* des institutions déjà existantes, rejetant autant que possible toute création de combinaisons nouvelles. C'est qu'avant tout nous croyons à la bonté des principes, dont on ne s'écarte jamais impunément dans les choses de ce monde ; c'est que nous ne croyons pas à l'efficacité de mesures improvisées, dues à la précipitation des théories et non à la saine maturité des idées pratiques ; c'est que, pour notre part, et malgré l'engouement général, nous n'avons pas de confiance, nous n'avons nulle confiance dans l'institution subite de tous ces comptoirs nationaux d'escompte qu'on va établir à droite et à gauche, à tort et à travers, qu'on a déjà tant de peine à établir, qui ne rendront que des secours tardifs, mal dirigés, et toutes choses égales, les trois quarts du temps mal appliqués; c'est que, dans notre intime conviction, tous ces aides factices, créés à grands frais par le gouvernement, dont le rôle devrait rester politique et se borner à surveiller, non pas à diriger les questions à tort dites sociales (puisqu'il n'est pas une question dans les sociétés humaines qui ne soit en même temps sociale); c'est, disons-nous, que tous ces aides factices aboutiront en définitive à une immense déception, après avoir englouti, comme en 1830, l'argent des contribuables.

Nous le demandons, n'y a-t-il pas déjà pour des hommes pratiques de quoi s'alarmer, à la création de ce comptoir national de Paris, qui n'a pu, en quinze jours, réaliser la somme de 6 à 7 millions, auquel l'État va sans doute remplacer en argent la simple garantie précédemment offerte par sa signature, et qui pour son début invente la singulière combinaison d'une retenue de 5 p. % sur le montant net des bordereaux acceptés à la négociation? Que sera cette nouvelle institution? Sera-ce un simple comptoir? Y a-t-il là le germe d'une banque sociale, appelée un jour à entrer en concurrence avec la Banque de France? Cette combinaison d'une retenue ne serait-elle pas le prélude à d'autres combinaisons encore inconnues du public, mais qu'on nous tient en réserve, que plus tard peut-être on appliquera à la France entière? Nous l'ignorons, et pour notre part nous craignons même de deviner.

Sans doute nous croyons avec le public qu'il y a beaucoup à faire, mais c'est en améliorant, en ajoutant à ce qui existe; ce n'est pas en laissant tomber ce qui existe, en arrêtant la création de ce qui pourrait se modeler sur ce qui existe; ce n'est pas en détruisant, en renversant tous les principes reconnus, acceptés, consacrés par l'expérience, pour remplacer tout cela par l'inconnu des théories!.....

IMPRIMERIE CENTRALE DES CHEMINS DE FER, DE NAPOLÉON CHAIX ET Cie,
Rue Bergère, 8, près le boulevart Montmartre.

www.ingramcontent.com/pod-product-compliance
Lightning Source LLC
LaVergne TN
LVHW012319050726
842524LV00004B/1491